# The Shy Dragon And Other Bilingual German-English Stories for Kids

Pomme Bilingual

Published by Pomme Bilingual, 2024.

While every precaution has been taken in the preparation of this book, the publisher assumes no responsibility for errors or omissions, or for damages resulting from the use of the information contained herein.

THE SHY DRAGON AND OTHER BILINGUAL GERMAN-ENGLISH STORIES FOR KIDS

**First edition. August 23, 2024.**

Copyright © 2024 Pomme Bilingual.

ISBN: 979-8227270672

Written by Pomme Bilingual.

# Table of Contents

# Der Abenteuerliche Kater

Es war einmal in der kleinen Stadt Amorbach ein Kater namens Felix, der alles andere als gewöhnlich war. Felix war ein schlanker, eleganter Kater mit schwarzem Fell, und das Besondere an ihm war seine strahlend lila Schleife, die er immer trug. Diese Schleife war nicht einfach ein Accessoire, sondern sie war verzaubert! Sie konnte alles Mögliche tun: fliegen, sich in verschiedene Formen verwandeln und sogar sprechen. Doch Felix war nicht nur wegen seiner Schleife berühmt, sondern auch wegen seiner unermüdlichen Neugier und Abenteuerlust.

Eines Morgens erwachte Felix, als die Sonne gerade über den Dächern von Amorbach aufging. Er streckte sich, schüttelte sein seidiges Fell und ließ die Schleife ein wenig aufleuchten. „Heute wird ein großartiger Tag!", schnurrte Felix. Er hatte von einem geheimnisvollen Schatz gehört, der irgendwo in den Tiefen des dunklen Waldes versteckt sein sollte, und er war fest entschlossen, ihn zu finden.

Felix machte sich auf den Weg in den Wald, der sofort in geheimnisvollem Nebel gehüllt war. Die Bäume waren so hoch, dass sie den Himmel fast verdeckten, und überall hörte man die Geräusche der Tiere, die sich in den Ästen bewegten. Felix war mutig, aber auch klug, und wusste, dass er bei seinen Abenteuern stets auf seine lila Schleife angewiesen war.

Während er durch den Wald schlich, begegnete er einer freundlichen Eule namens Edda, die in einem Baumhaus lebte.

„Guten Morgen, Felix!", rief Edda aus ihrem Baumhaus. „Was führt dich hierher?"

„Ich bin auf der Suche nach dem geheimnisvollen Schatz, von dem alle reden", antwortete Felix entschlossen. „Hast du vielleicht eine Idee, wo ich anfangen sollte?"

Edda dachte einen Moment nach und sagte dann: „Nun, ich habe gehört, dass der Schatz in einer alten, vergessenen Höhle versteckt ist. Aber die Höhle ist von einem riesigen Spinnennetz bewacht!"

Felix lächelte. „Das klingt nach einer Herausforderung, aber ich bin sicher, dass meine lila Schleife uns helfen wird."

Edda nickte und gab Felix eine alte Karte, die den Weg zur Höhle zeigte. „Sei vorsichtig, Felix. Der Weg ist voller Rätsel und Prüfungen."

Felix bedankte sich bei Edda und machte sich mit der Karte auf den Weg zur Höhle. Die Karte führte ihn durch einen dichten Teil des Waldes, wo die Bäume so dicht standen, dass nur ein kleiner Lichtstrahl hindurchdrang. Die Atmosphäre war feucht und kühl, und Felix musste aufpassen, nicht über Wurzeln und Steine zu stolpern.

Schließlich erreichte Felix die Höhle, die von einem dicken Spinnennetz bedeckt war. In der Mitte des Netzes hockte eine riesige, freundliche Spinne namens Sylvia, die ihre acht Arme geschäftig in Bewegung hielt. „Halt!", rief Sylvia, als sie Felix sah. „Wer wagt es, meinen Schatz zu suchen?"

„Ich bin Felix, und ich suche den geheimnisvollen Schatz", erklärte der Kater höflich. „Ich hoffe, dass du mir den Weg freigeben kannst."

Sylvia lächelte freundlich. „Nun, das ist ungewöhnlich. Die meisten kommen hierher, um den Schatz zu stehlen. Aber du scheinst freundlich und ehrlich zu sein. Bevor ich dir den Weg freigebe, musst du jedoch ein Rätsel lösen."

Felix nickte bereitwillig. „Ich werde mein Bestes geben!"

Sylvia begann, das Rätsel zu erzählen: „Ich bin leicht wie eine Feder, doch kein Mensch kann mich halten. Was bin ich?"

Felix dachte nach und lächelte bald. „Die Antwort ist Atem!"

Sylvia klatschte begeistert mit ihren vielen Händen. „Richtig! Du hast das Rätsel gelöst, also werde ich dir den Weg zur Schatzkammer freigeben."

Mit einem sanften Flügelzucken öffnete Sylvia das Spinnennetz, und Felix trat vorsichtig in die Höhle ein. Es war dunkel, aber die lila Schleife auf seinem Hals leuchtete und erhellte den Raum. Schließlich sah Felix eine alte Truhe in der Mitte der Höhle.

Felix näherte sich der Truhe und öffnete sie langsam. Zu seiner Überraschung fand er nicht nur Gold und Juwelen, sondern auch einen magischen Zauberstab und ein Buch voller Zaubersprüche. „Wow, das ist wirklich erstaunlich!", rief Felix aus. „Dieser Schatz ist viel mehr als ich erwartet habe."

Felix nahm die Truhe und machte sich auf den Heimweg. Als er wieder bei Edda ankam, erzählte er ihr von seinem Abenteuer und zeigte ihr die Schätze. Edda war beeindruckt und sagte: „Du hast den Schatz gefunden und dabei so viele Freunde gewonnen. Ich glaube, das ist das wahre Abenteuer."

Felix lächelte und schüttelte seine lila Schleife. „Ja, das Abenteuer hat mir gezeigt, dass es nicht nur um den Schatz geht, sondern um die Reise und die Freunde, die man auf dem Weg trifft."

Und so kehrte Felix als Held nach Amorbach zurück. Er setzte den Zauberstab in seiner Sammlung von magischen Gegenständen ein und sorgte dafür, dass seine lila Schleife immer ein wenig strahlender wurde. Er wusste, dass noch viele Abenteuer auf ihn warteten, und er war bereit, sie mit seiner Neugier, seinem Mut und seiner magischen Schleife zu erleben.

# The Adventurous Cat

Once upon a time in the little town of Amorbach, there was a cat named Felix who was anything but ordinary. Felix was a sleek, elegant cat with black fur, and the special thing about him was his glowing purple bow, which he always wore. This bow wasn't just an accessory; it was enchanted! It could do all sorts of things: fly, transform into different shapes, and even speak. But Felix was famous not only for his bow but also for his relentless curiosity and sense of adventure.

One morning, Felix woke up as the sun was just rising over the rooftops of Amorbach. He stretched, shook his silky fur, and made his bow shine a little. "Today is going to be a great day!" purred Felix. He had heard about a mysterious treasure hidden somewhere in the depths of the dark forest, and he was determined to find it.

Felix set off into the forest, which was immediately shrouded in mysterious fog. The trees were so tall that they nearly obscured the sky, and everywhere you could hear the sounds of animals moving in the branches. Felix was brave but also smart, knowing that he would always rely on his purple bow during his adventures.

As he stealthily moved through the forest, he encountered a friendly owl named Edda, who lived in a treehouse. "Good morning, Felix!" Edda called from her treehouse. "What brings you here?"

"I'm searching for the mysterious treasure everyone is talking about," Felix replied determinedly. "Do you have any idea where I should start?"

Edda thought for a moment and then said, "Well, I've heard that the treasure is hidden in an old, forgotten cave. But the cave is guarded by a huge spiderweb!"

Felix smiled. "That sounds like a challenge, but I'm sure my purple bow will help us."

Edda nodded and gave Felix an old map showing the way to the cave. "Be careful, Felix. The path is full of puzzles and trials."

Felix thanked Edda and set off with the map towards the cave. The map led him through a dense part of the forest, where the trees stood so close together that only a sliver of sunlight made it through. The air was damp and cool, and Felix had to watch his step to avoid tripping over roots and stones.

Eventually, Felix arrived at the cave, which was covered in a thick spiderweb. In the middle of the web sat a huge, friendly spider named Sylvia, who was busily moving her eight legs. "Stop!" Sylvia called as she saw Felix. "Who dares to seek my treasure?"

"I am Felix, and I'm looking for the mysterious treasure," the cat explained politely. "I hope you can clear the way for me."

Sylvia smiled kindly. "Well, that's unusual. Most come here to steal the treasure. But you seem friendly and honest. Before I let you through, though, you must solve a riddle."

Felix nodded willingly. "I'll do my best!"

Sylvia began to recite the riddle: "I'm light as a feather, yet no man can hold me. What am I?"

Felix thought for a moment and soon smiled. "The answer is breath!"

Sylvia clapped her many hands excitedly. "Correct! You've solved the riddle, so I will open the way to the treasure chamber for you."

With a gentle wave of her legs, Sylvia opened the spiderweb, and Felix cautiously entered the cave. It was dark, but the purple bow around his neck glowed and illuminated the space. Finally, Felix saw an old chest in the middle of the cave.

Felix approached the chest and slowly opened it. To his surprise, he found not just gold and jewels, but also a magical wand and a book full of spells. "Wow, this is truly amazing!" Felix exclaimed. "This treasure is much more than I expected."

Felix took the chest and headed back home. When he arrived back at Edda's place, he told her about his adventure and showed her the treasures. Edda was impressed and said, "You've found the treasure and made so many friends along the way. I think that's the real adventure."

Felix smiled and shook his purple bow. "Yes, the adventure showed me that it's not just about the treasure but about the journey and the friends you meet along the way."

And so, Felix returned to Amorbach as a hero. He added the wand to his collection of magical items and made sure his purple bow always sparkled a little more. He knew many more adventures awaited him, and he was ready to experience them with his curiosity, bravery, and magical bow.

# Der Schüchterne Drache

In einem weit entfernten Land, das von grünen Hügeln und glitzernden Seen durchzogen war, lebte ein kleiner Drache namens Drago. Drago war kein gewöhnlicher Drache; er war von glänzendem, grünem Schuppen und hatte sanfte, gelbe Augen, die vor Schüchternheit oft auf dem Boden ruhten. Was Drago jedoch besonders machte, war seine Angst vor großen Menschenmengen. Während andere Drachen gerne feierten und Lärm machten, zog Drago es vor, allein in seiner gemütlichen Höhle zu bleiben und in seinen Lieblingsbüchern zu schmökern.

Eines Tages erhielt Drago eine Einladung zu einem großen Fest, das in der Stadt Drakonia gefeiert werden sollte. Die Einladung kam von König Glut, dem mächtigen Drachen, der alle Drachen des Landes versammelt hatte, um den Tag der Drachen zu feiern. Das Fest versprach eine riesige Party mit Spielen, Tänzen und köstlichem Essen – und Drago wusste, dass er unbedingt hingehen sollte, aber die Vorstellung, in der Mitte einer großen Menschenmenge zu sein, ließ ihn nervös werden.

Drago überlegte, ob er eine Ausrede finden könnte, um das Fest zu vermeiden. „Vielleicht bin ich krank", dachte er. „Oder vielleicht habe ich einen wichtigen Termin mit meinem Lieblingsbuch." Doch tief in seinem Herzen wusste er, dass er an diesem besonderen Tag anwesend sein sollte, um die anderen Drachen nicht zu enttäuschen.

Als der Tag des Festes kam, zog Drago seinen besten Festanzug an, einen schimmernden Umhang aus Gold und Silber, der seine Schüchternheit ein wenig verstecken sollte. „Ich kann das", murmelte Drago zu sich selbst und machte sich auf den Weg zur Stadt Drakonia.

Die Stadt Drakonia war festlich geschmückt. Überall hingen bunte Banner und Lichter, und die Luft war erfüllt von fröhlicher Musik und dem Duft von köstlichem Essen. Drago fühlte sich, als wäre er in eine andere Welt eingetaucht. Als er die Stadt betrat, wurde er von der fröhlichen Menge begrüßt, doch er zog sich schüchtern in eine Ecke zurück, wo er sich hinter einem großen, bunten Zelt verstecken konnte.

Gerade als Drago versuchte, sich ein wenig zu entspannen, bemerkte er einen kleinen, rotglühenden Drachen namens Sparky, der unermüdlich umherflog und die Gäste mit seiner unglaublichen Feuershow beeindruckte. „Wow, Sparky ist wirklich fantastisch", dachte Drago bewundernd. Doch je mehr Drago die anderen Drachen beobachtete, desto nervöser wurde er. Die Spiele, Tänze und fröhlichen Rufe der Drachen machten ihn noch unsicherer.

Plötzlich hörte Drago einen lauten Knall und sah, wie König Glut, der große und majestätische Drache mit goldenen Schuppen, in der Mitte der Stadt auf einem prächtigen Thron saß. „Liebe Drachenfreunde, willkommen zu unserem großen Fest!", rief König Glut. „Heute haben wir viele Überraschungen und Abenteuer für euch vorbereitet. Aber bevor wir beginnen, möchte ich unseren besonderen Gast begrüßen – den schüchternen Drago!"

Die ganze Menge drehte sich zu Drago um, und seine Schüchternheit wurde noch größer. „Oh nein, alle sehen mich an!", dachte Drago panisch. Doch König Glut winkte ihm freundlich zu und sprach weiter: „Drago, wir haben gehört, dass du ein ganz besonderer Drache bist, und wir freuen uns sehr, dass du hier bist. Bitte komm zu uns, damit wir dich willkommen heißen können."

Mit zitternden Flügeln machte sich Drago auf den Weg zum Thron. Als er näherkam, bemerkte er, dass König Glut eine goldene Krone trug und eine freundliche Ausstrahlung hatte. „Willkommen, Drago!", sagte der König. „Wir sind so froh, dass du da bist. Heute Abend erwarten wir ein besonderes Abenteuer, bei dem du uns vielleicht helfen kannst."

Drago schaute überrascht auf. „Ein Abenteuer? Was für ein Abenteuer?"

König Glut lächelte geheimnisvoll. „Nun, wir haben ein Rätsel zu lösen. Es heißt, dass sich in der Stadt ein geheimnisvoller Schatz versteckt, und nur die klügsten und mutigsten Drachen können ihn finden. Vielleicht kannst du uns dabei helfen."

Drago überlegte kurz und fühlte sich plötzlich ein wenig besser. „Ich werde mein Bestes geben, König Glut", sagte er tapfer.

Das Abenteuer begann, als König Glut eine große Schatzkarte hervorholte und die Drachen in Gruppen aufteilte. Drago wurde mit Sparky und einer klugen Drachenfrau namens Luna in ein Team eingeteilt. Obwohl Drago immer noch nervös war, fühlte er sich durch die Unterstützung seiner Teamkollegen etwas sicherer.

Die Schatzkarte führte sie zu verschiedenen Orten in der Stadt, darunter den verzauberten Wald, den riesigen Wasserfall und die geheimnisvolle Ruine. An jedem Ort mussten sie Rätsel lösen und Hinweise finden, um den Schatz zu entdecken. Drago stellte fest, dass er, obwohl er schüchtern war, besonders gut im Lösen von Rätseln war. Er half seinem Team, schwierige Aufgaben zu bewältigen, und gewann nach und nach mehr Selbstvertrauen.

Bei jeder Herausforderung, die sie meisterten, wurden die anderen Drachen immer beeindruckter von Drago. Sparky lobte ihn für seine Klugheit, und Luna bewunderte seine Geduld und seinen Einfallsreichtum. Allmählich wurde Drago weniger nervös und begann, sich bei den anderen Drachen wohler zu fühlen.

Als sie schließlich den letzten Hinweis auf der Schatzkarte entschlüsselten, führte er sie zu einem alten Baum in der Mitte des Festgeländes. „Hier muss der Schatz sein!", rief Luna aufgeregt. Drago ging langsam auf den Baum zu und begann, den Boden unter seinen Wurzeln zu durchsuchen.

Plötzlich stieß Drago auf eine verborgene Kiste, die er vorsichtig öffnete. In der Kiste lag ein wunderschöner, leuchtender Edelstein, der in allen Farben des Regenbogens schimmerte. „Das muss der Schatz sein!", sagte Drago begeistert.

König Glut kam herbei und sah sich den Edelstein an. „Wundervoll! Ihr habt es geschafft! Dieser Edelstein symbolisiert den Mut und die Klugheit, die in jedem von uns stecken. Und Drago, du hast uns heute gezeigt, dass auch die schüchternsten Drachen große Dinge erreichen können."

Die anderen Drachen applaudierten und feierten Drago als Held. Obwohl Drago immer noch etwas schüchtern war, fühlte er sich unglaublich stolz. Er hatte nicht nur das Rätsel gelöst, sondern auch neue Freunde gefunden und sich seinen Ängsten gestellt.

Am Ende des Abends saßen Drago, Sparky und Luna zusammen und erzählten sich Geschichten über ihre Abenteuer. Drago war überrascht, wie viel Spaß er hatte und wie freundlich und einladend die anderen Drachen waren.

„Weißt du, Drago", sagte Sparky, „du hast uns allen gezeigt, dass es in Ordnung ist, schüchtern zu sein. Es kommt darauf an, wie man sich seinen Ängsten stellt und wie man seine Stärken nutzt."

„Ja", fügte Luna hinzu, „jeder hat etwas Besonderes in sich, und du hast uns das heute Abend bewiesen."

Drago lächelte und fühlte sich wohler als je zuvor. „Ich danke euch allen. Dieses Abenteuer war wirklich großartig. Ich habe gelernt, dass es nicht so schlimm ist, in der Mitte der Menge zu stehen, wenn man gute Freunde an seiner Seite hat."

Als Drago nach Hause ging, trug er den leuchtenden Edelstein als Erinnerung an sein Abenteuer und die vielen Lektionen, die er gelernt hatte. Er wusste, dass er noch viele weitere Abenteuer erleben würde, aber er war jetzt bereit, ihnen mit mehr Mut und Selbstvertrauen zu begegnen.

Und so lebte Drago glücklich und zufrieden in seiner Höhle, mit der Gewissheit, dass selbst die schüchternsten Drachen große

Dinge erreichen können, wenn sie nur den Mut haben, sich ihren Ängsten zu stellen und ihren Herzen zu folgen.

# The Shy Dragon

In a distant land, full of green hills and sparkling lakes, lived a small dragon named Drago. Drago was no ordinary dragon; he had shimmering green scales and gentle yellow eyes that often looked down shyly. What made Drago particularly special was his fear of large crowds. While other dragons loved to celebrate and make noise, Drago preferred to stay alone in his cozy cave, engrossed in his favorite books.

One day, Drago received an invitation to a grand festival being held in the city of Drakonia. The invitation was from King Glut, the mighty dragon who had summoned all the dragons of the land to celebrate Dragon Day. The festival promised a huge party with games, dances, and delicious food – and Drago knew he should attend, but the thought of being in the midst of a large crowd made him nervous.

Drago considered finding an excuse to avoid the festival. "Maybe I'm sick," he thought. "Or maybe I have an important appointment with my favorite book." But deep down, he knew he should be there on this special day to avoid disappointing the other dragons.

When the day of the festival arrived, Drago put on his best festive outfit, a shimmering cloak of gold and silver, which he hoped would help hide his shyness. "I can do this," Drago murmured to himself and made his way to Drakonia.

The city of Drakonia was festively decorated. Colorful banners and lights hung everywhere, and the air was filled with cheerful music and the smell of delicious food. Drago felt as if he had stepped into another world. As he entered the city, he was greeted by the jubilant crowd, but he shyly retreated to a corner where he could hide behind a large, colorful tent.

Just as Drago tried to relax a bit, he noticed a small, red-glowing dragon named Sparky, who was tirelessly flying around and impressing the guests with his incredible fire show. "Wow, Sparky is really amazing," Drago thought admiringly. But the more Drago watched the other dragons, the more anxious he became. The games, dances, and joyful shouts made him even more uneasy.

Suddenly, Drago heard a loud boom and saw King Glut, the grand and majestic dragon with golden scales, sitting on a magnificent throne in the center of the city. "Dear dragon friends, welcome to our grand festival!" King Glut proclaimed. "Today, we have many surprises and adventures in store for you. But before we begin, I would like to welcome our special guest – the shy Drago!"

The whole crowd turned to look at Drago, and his shyness grew even more. "Oh no, everyone is looking at me!" Drago thought in a panic. But King Glut waved at him kindly and continued, "Drago, we've heard that you are a very special dragon, and we're so glad you're here. Please come to us so we can welcome you properly."

With trembling wings, Drago made his way to the throne. As he got closer, he noticed that King Glut was wearing a golden crown and had a friendly demeanor. "Welcome, Drago!" said the king. "We're so glad you're here. Tonight, we have a special adventure that you might be able to help us with."

Drago looked surprised. "An adventure? What kind of adventure?"

King Glut smiled mysteriously. "Well, we have a riddle to solve. It is said that a mysterious treasure is hidden in the city, and only the cleverest and bravest dragons can find it. Perhaps you can help us."

Drago thought for a moment and suddenly felt a bit better. "I'll do my best, King Glut," he said bravely.

The adventure began as King Glut produced a large treasure map and divided the dragons into groups. Drago was teamed up with Sparky and a clever dragoness named Luna. Although Drago was still nervous, he felt a bit more secure with the support of his teammates.

The treasure map led them to various locations around the city, including the enchanted forest, the giant waterfall, and the mysterious ruins. At each location, they had to solve riddles and find clues to uncover the treasure. Drago discovered that, despite his shyness, he was particularly good at solving riddles. He helped his team tackle difficult challenges and gradually gained more confidence.

With each challenge they overcame, the other dragons grew more impressed with Drago. Sparky praised his cleverness, and Luna admired his patience and ingenuity. Gradually, Drago became less anxious and started to feel more comfortable among the other dragons.

When they finally deciphered the last clue on the treasure map, it led them to an old tree in the middle of the festival grounds. "The treasure must be here!" Luna exclaimed excitedly. Drago slowly approached the tree and began to dig around its roots.

Suddenly, Drago uncovered a hidden chest, which he carefully opened. Inside the chest was a beautiful, glowing gemstone that shimmered in all the colors of the rainbow. "This must be the treasure!" Drago said, thrilled.

King Glut came over and examined the gemstone. "Wonderful! You've done it! This gemstone symbolizes the courage and wisdom that lie within each of us. And Drago, you've shown us tonight that even the shyest dragons can achieve great things."

The other dragons applauded and celebrated Drago as a hero. Though Drago was still a bit shy, he felt incredibly proud. He had not only solved the riddle but also made new friends and faced his fears.

At the end of the evening, Drago, Sparky, and Luna sat together, sharing stories of their adventures. Drago was surprised by how much fun he had and how friendly and welcoming the other dragons were.

"You know, Drago," Sparky said, "you've shown us all that it's okay to be shy. What matters is how you face your fears and use your strengths."

"Exactly," Luna added, "everyone has something special within them, and you've proven that to us tonight."

Drago smiled and felt more at ease than ever. "Thank you all. This adventure was truly wonderful. I've learned that it's not so bad being in the middle of the crowd when you have good friends by your side."

As Drago headed home, he carried the glowing gemstone as a reminder of his adventure and the many lessons he had learned. He knew that he would face many more adventures in the future, but he was now ready to meet them with greater courage and confidence.

And so, Drago lived happily and contentedly in his cave, with the knowledge that even the shyest dragons can achieve great things when they have the courage to face their fears and follow their hearts.

# Der Kunterbunte Kolibri und der Zaubertrank

In einem geheimnisvollen, magischen Dschungel, weit entfernt von der hektischen Welt, lebte ein kleiner Kolibri namens Kiri. Kiri war ein ganz besonderer Kolibri – sein Federkleid schillerte in allen Farben des Regenbogens und seine Flügel flitzten mit einer Geschwindigkeit durch die Luft, die so schnell war, dass sie wie ein strahlender Lichtstrahl aussahen. Trotz seines strahlenden Aussehens war Kiri schüchtern und zog es vor, alleine in den ruhigeren Teilen des Dschungels zu bleiben.

Eines Tages, während Kiri fröhlich von Blüte zu Blüte schwebte, entdeckte er ein geheimnisvolles, altes Buch, das halb unter einem Blatt versteckt lag. Es war voller Staub und sah sehr alt aus. Neugierig setzte sich Kiri auf das Buch und begann, die Seiten durchzublättern. Die Seiten waren mit wunderschönen Zeichnungen von verschiedenen Pflanzen, Tieren und magischen Tränken gefüllt.

Auf einer der Seiten entdeckte Kiri eine Abbildung von einem strahlenden, goldenen Trank, der in einer leuchtenden Flasche aufbewahrt wurde. Neben der Abbildung stand in eleganten Buchstaben geschrieben: „Der Zaubertrank des Glücks – bringt Freude und Abenteuer in das Herz eines jeden, der ihn trinkt."

Kiri war fasziniert. „Der Zaubertrank des Glücks!", murmelte er. „Das klingt nach einem aufregenden Abenteuer. Vielleicht könnte dieser Trank mir helfen, mutiger zu werden."

Das Buch enthielt auch eine detaillierte Anleitung, wie man den Zaubertrank herstellen konnte. Die Zutaten waren jedoch nicht einfach zu finden: „Blütenstaub des Mondlichts", „Tränen eines Lächelns" und „Sonnenstrahlen in einem Fläschchen". Kiri wusste, dass es keine leichte Aufgabe sein würde, all diese seltenen Zutaten zu finden, aber die Vorstellung, mutiger und abenteuerlustiger zu werden, machte ihn entschlossen.

Kiri machte sich sofort auf die Suche nach den Zutaten. Die erste Zutat, der „Blütenstaub des Mondlichts", war besonders knifflig, da er nur bei Vollmond zu finden war. Kiri wartete geduldig bis zum nächsten Vollmond, und als die Nacht endlich kam, flog er durch den Dschungel und sammelte den glitzernden Blütenstaub von den Mondblumen, die nur bei Mondschein blühten.

Mit einem kleinen Vorrat des Blütenstaubs kehrte Kiri zurück zu seinem Nest und bereitete sich auf die nächste Zutat vor: „Tränen eines Lächelns". Diese Zutat war noch schwieriger zu finden, denn sie konnte nur durch das Lächeln von Freunden gesammelt werden. Kiri dachte an die Freunde, die er im Dschungel hatte, und beschloss, ihnen einen Besuch abzustatten.

Zuerst besuchte Kiri die kluge alte Schildkröte namens Tilda. Tilda lebte in einem wunderschönen, bunten Garten und war immer gut gelaunt. „Tilda, könntest du mir bitte ein Lächeln schenken?", fragte Kiri höflich.

Tilda lächelte freundlich und sagte: „Natürlich, Kiri. Ein Lächeln ist das Schönste, was man geben kann." Von Tildas

Lächeln sammelte Kiri die „Tränen eines Lächelns" in einem kleinen, glänzenden Beutel.

Als Nächstes besuchte Kiri die lustigen Affen, die im oberen Teil des Dschungels lebten. Sie waren immer fröhlich und lachten viel. Kiri fragte sie nach ihren Lächeln, und die Affen, die in guter Laune waren, lachten und lachten, was Kiri half, noch mehr „Tränen eines Lächelns" zu sammeln.

Die letzte Zutat war „Sonnenstrahlen in einem Fläschchen". Diese Zutat konnte nur bei Sonnenaufgang gesammelt werden, wenn die Sonne gerade aus dem Horizont stieg. Kiri wartete früh am Morgen auf die erste Sonne des Tages und fing die goldenen Strahlen mit einem kleinen Fläschchen ein.

Nachdem Kiri alle Zutaten gesammelt hatte, war er bereit, den Zaubertrank des Glücks herzustellen. Er mischte den glitzernden Blütenstaub des Mondlichts, die „Tränen eines Lächelns" und die Sonnenstrahlen in einem magischen Kessel. Der Trank begann, in den schönsten Farben zu leuchten, und ein köstlicher Duft erfüllte die Luft.

Kiri nahm einen kleinen Schluck von dem Zaubertrank und fühlte sich sofort anders. Eine Welle von Freude und Abenteuerlust durchströmte ihn, und seine Schüchternheit begann zu schwinden. Er fühlte sich mutig und voller Energie, bereit, die Welt des Dschungels auf eine ganz neue Weise zu erleben.

„Dieser Zaubertrank ist wirklich erstaunlich!", rief Kiri begeistert. „Jetzt werde ich all die Abenteuer erleben, von denen ich immer geträumt habe."

Am nächsten Tag flog Kiri mit neuer Energie durch den Dschungel. Er entdeckte verborgene Wasserfälle, freundete sich mit verschiedenen Tieren an und half den Dschungelbewohnern bei ihren Aufgaben. Überall, wo er hinkam, verbreitete sich seine gute Laune und sein Mut wie ein Lauffeuer. Die anderen Tiere waren erstaunt über Kiris Verwandlung und bewunderten seine neu entdeckte Abenteuerlust.

Doch eines Tages, als Kiri auf einem besonders hohen Baum saß, bemerkte er einen großen, dunklen Schatten, der sich über den Dschungel legte. Der Himmel wurde grau und ein starker Wind wehte durch die Bäume. Kiri sah hinunter und entdeckte, dass ein riesiger Sturm auf den Dschungel zusteuerte.

Kiri wusste, dass er etwas tun musste, um den anderen Tieren zu helfen. Trotz seines neu gewonnenen Mutes war dies eine große Herausforderung, aber er wusste, dass der Zaubertrank ihm nicht nur geholfen hatte, seine Ängste zu überwinden, sondern ihn auch lehrte, dass wahre Tapferkeit darin besteht, anderen in schwierigen Zeiten beizustehen.

Schnell flog Kiri zu den verschiedenen Teilen des Dschungels und warnte die Tiere vor dem bevorstehenden Sturm. Er half den Ameisen, ihre Nester zu sichern, half den Vögeln, sichere Plätze zum Verstecken zu finden, und unterstützte die größeren Tiere dabei, ihre Vorräte in Sicherheit zu bringen.

Als der Sturm schließlich kam, waren die Tiere des Dschungels dank Kiris schnellem Handeln und seiner Hilfe vorbereitet. Kiri selbst suchte Schutz in einem stabilen Baumhaus, das er für diesen Zweck vorbereitet hatte. Trotz des stürmischen Wetters wusste er, dass er etwas Wichtiges geleistet hatte.

Als der Sturm vorüber war und der Himmel wieder klar wurde, kamen die Tiere des Dschungels heraus und begaben sich auf die Straßen, um Kiri zu danken. Die anderen Kolibris, die Kiri oft bewundert hatten, waren beeindruckt von seinem Mut und seiner Entschlossenheit.

„Du bist ein wahrer Held, Kiri", sagte Tilda die Schildkröte. „Du hast uns allen gezeigt, was es bedeutet, mutig und selbstlos zu sein."

Kiri lächelte und fühlte sich von Herzen berührt. „Es war der Zaubertrank, der mir geholfen hat, mutig zu werden", erklärte er bescheiden. „Aber es ist die Unterstützung und Freundschaft von euch allen, die mich wirklich stark gemacht haben."

Die Tiere feierten Kiri mit einem großen Fest, bei dem sie ihre Dankbarkeit und ihre Freude zeigten. Es war ein fröhlicher Anlass voller Lachen, Musik und Freundschaft. Kiri genoss das Fest und die Wärme der Gemeinschaft, die ihn umgab.

Nachdem die Feierlichkeiten vorbei waren und die Sonne unterging, kehrte Kiri zu seiner gemütlichen Höhle zurück. Er fühlte sich glücklich und zufrieden, mit dem Wissen, dass er nicht nur seine eigenen Ängste überwunden, sondern auch anderen geholfen hatte.

Von diesem Tag an war Kiri nicht mehr der schüchterne Kolibri, der er einst war. Er war zu einem mutigen, abenteuerlustigen Helden geworden, der immer bereit war, seine Freunde und den

Dschungel, den er liebte, zu unterstützen. Der Zaubertrank hatte ihm nicht nur den Mut gegeben, den er brauchte, sondern auch gezeigt, dass wahre Größe darin besteht, den Mut zu finden, anderen zu helfen und gemeinsam Herausforderungen zu meistern.

# The Colorful Hummingbird and the Magic Potion

In a mysterious, magical jungle far away from the bustling world, there lived a little hummingbird named Kiri. Kiri was no ordinary hummingbird—his feathers shimmered in all the colors of the rainbow, and his wings flitted through the air at such speed that they looked like a dazzling beam of light. Despite his radiant appearance, Kiri was shy and preferred to stay alone in the quieter parts of the jungle.

One day, while Kiri was cheerfully hovering from flower to flower, he discovered a mysterious, old book half-hidden under a leaf. It was covered in dust and looked very ancient. Curious, Kiri perched on the book and began to flip through the pages. The pages were filled with beautiful drawings of different plants, animals, and magical potions.

On one of the pages, Kiri discovered an illustration of a radiant, golden potion stored in a glowing bottle. Next to the illustration, written in elegant letters, were the words: "The Potion of Happiness—brings joy and adventure to the heart of anyone who drinks it."

Kiri was fascinated. "The Potion of Happiness!" he murmured. "That sounds like an exciting adventure. Maybe this potion could help me become braver."

The book also contained detailed instructions on how to create the potion. However, the ingredients were not easy to find: "Moonlight Blossom Dust," "Tears of a Smile," and "Sunbeams in a Bottle." Kiri knew it wouldn't be an easy task to find all these rare ingredients, but the thought of becoming braver and more adventurous made him determined.

Kiri immediately set out to search for the ingredients. The first ingredient, "Moonlight Blossom Dust," was particularly tricky as it could only be found during a full moon. Kiri patiently waited for the next full moon, and when the night finally came, he flew through the jungle collecting the sparkling dust from the moonflowers, which only bloomed under the moonlight.

With a small supply of the blossom dust, Kiri returned to his nest and prepared for the next ingredient: "Tears of a Smile." This ingredient was even harder to find, as it could only be collected through the smiles of friends. Kiri thought about the friends he had in the jungle and decided to pay them a visit.

First, Kiri visited the wise old tortoise named Tilda. Tilda lived in a beautiful, colorful garden and was always in a good mood. "Tilda, could you please give me a smile?" Kiri asked politely.

Tilda smiled kindly and said, "Of course, Kiri. A smile is the best thing one can give." From Tilda's smile, Kiri collected the "Tears of a Smile" in a small, shiny pouch.

Next, Kiri visited the playful monkeys who lived in the upper part of the jungle. They were always cheerful and laughed a lot. Kiri asked them for their smiles, and the monkeys, in high spirits, laughed and laughed, helping Kiri gather even more "Tears of a Smile."

The final ingredient was "Sunbeams in a Bottle." This ingredient could only be collected at sunrise when the sun was just rising above the horizon. Kiri waited early in the morning for the first sun of the day and captured the golden rays in a small bottle.

After collecting all the ingredients, Kiri was ready to create the Potion of Happiness. He mixed the shimmering moonlight blossom dust, the "Tears of a Smile," and the sunbeams in a magical cauldron. The potion began to glow in the most beautiful colors, and a delicious fragrance filled the air.

Kiri took a small sip of the potion and immediately felt different. A wave of joy and a sense of adventure swept through him, and his shyness began to fade. He felt brave and full of energy, ready to explore the jungle in a whole new way.

"This potion is truly amazing!" Kiri exclaimed excitedly. "Now I'll experience all the adventures I've always dreamed of."

The next day, Kiri flew through the jungle with new energy. He discovered hidden waterfalls, made friends with different animals, and helped the jungle inhabitants with their tasks. Everywhere he went, his good mood and courage spread like wildfire. The other animals were amazed by Kiri's transformation and admired his newfound adventurous spirit.

But one day, as Kiri was perched on a particularly tall tree, he noticed a large, dark shadow spreading over the jungle. The sky turned gray, and a strong wind blew through the trees. Kiri looked down and saw that a huge storm was approaching the jungle.

Kiri knew he had to do something to help the other animals. Despite his newfound courage, this was a big challenge, but he knew that the potion had not only helped him overcome his fears but also taught him that true bravery lies in helping others in difficult times.

Quickly, Kiri flew to the different parts of the jungle, warning the animals about the impending storm. He helped the ants secure their nests, assisted the birds in finding safe places to hide, and supported the larger animals in securing their supplies.

When the storm finally arrived, the jungle animals were prepared thanks to Kiri's quick actions and help. Kiri himself took shelter in a sturdy treehouse that he had prepared for this purpose. Despite the stormy weather, he knew he had accomplished something important.

When the storm passed and the sky cleared again, the jungle animals emerged and gathered to thank Kiri. The other hummingbirds, who had often admired Kiri, were impressed by his courage and determination.

"You are a true hero, Kiri," said Tilda the tortoise. "You've shown us all what it means to be brave and selfless."

Kiri smiled, deeply touched. "It was the potion that helped me become brave," he explained modestly. "But it's the support and friendship of all of you that truly made me strong."

The animals celebrated Kiri with a big party, expressing their gratitude and joy. It was a joyous occasion filled with laughter, music, and friendship. Kiri enjoyed the celebration and the warmth of the community that surrounded him.

After the festivities ended and the sun set, Kiri returned to his cozy cave. He felt happy and content, knowing that he had not only overcome his own fears but had also helped others.

From that day on, Kiri was no longer the shy hummingbird he once was. He had become a brave, adventurous hero, always ready to support his friends and the jungle he loved. The potion had not only given him the courage he needed but also showed him that true greatness lies in finding the courage to help others and face challenges together.

# Max und das Fliegende Schloss

Es war einmal in einem kleinen Dorf namens Fichtenhain, wo die Zeit so langsam verging, dass selbst die Schnecken das Gefühl hatten, sie könnten eine Karriere als Rennfahrer anstreben. In diesem beschaulichen Dorf lebte ein ungewöhnlicher Junge namens Max. Max war nicht wie die anderen Kinder in Fichtenhain. Während seine Freunde in ihren Hängematten schlummerten oder im Dorfplatz spielten, hatte Max eine außergewöhnliche Vorliebe für das Ungewöhnliche und das Fantastische.

Eines sonnigen Nachmittags, als die Vögel in der Luft ein fröhliches Konzert gaben und die Blumen in allen Farben blühten, entdeckte Max etwas Seltsames im alten, verlassenen Schloss am Rand des Dorfes. Das Schloss war seit vielen Jahren ein mysteriöser Ort, über den sich die Leute in Geschichten und Flüstererzählungen äußerten. Aber Max, der gerne Abenteuer suchte, wollte unbedingt herausfinden, was sich hinter den verstaubten, geheimnisvollen Mauern verbarg.

Mit einem mutigen Herz klopfte Max an die große, knarrende Tür des Schlosses. Zu seiner Überraschung öffnete sich die Tür wie von Geisterhand und offenbarte einen lichtdurchfluteten Raum, der in sanftes Gold getaucht war. Im Raum stand ein gigantisches, prachtvolles Möbelstück, das aussah wie eine riesige, prunkvolle Kommode. Doch Max erkannte sofort, dass es sich nicht nur um ein Möbelstück handelte, sondern um etwas weit Größeres – ein Fliegendes Schloss!

Der Korpus des Schlosses schimmerte in silbernen und goldenen Farben und war mit geheimnisvollen Runen verziert. Es hatte große, elegante Flügel, die sich majestätisch ausbreiteten und sanft in der Luft schwebten. Max konnte es kaum fassen. Sein Herz klopfte vor Aufregung und Neugier.

„Das ist ja unglaublich! Ein Fliegendes Schloss!", rief Max erstaunt.

Gerade in diesem Moment erschien ein kleiner, quirliger Kobold mit leuchtend grünen Augen und einer spitzen Mütze aus dem Inneren des Schlosses. Der Kobold stellte sich als Fips vor. „Hallo! Ich bin Fips, der Hüter des Fliegenden Schlosses. Und wer bist du?"

„Ich heiße Max", antwortete Max. „Ich habe nie gedacht, dass ich ein echtes Fliegendes Schloss sehen würde!"

Fips grinste breit. „Nun, das ist erst der Anfang, Max. Dieses Schloss hat viele Geheimnisse und Abenteuer zu bieten. Aber es gibt ein kleines Problem: Der Zauber des Schlosses beginnt zu verblassen. Wenn wir ihn nicht erneuern, wird das Schloss bald zu Boden stürzen."

Max' Augen weiteten sich. „Was können wir tun?"

„Wir müssen die vier magischen Kristalle finden, die das Schloss in der Luft halten", erklärte Fips. „Jeder Kristall befindet sich an einem geheimen Ort, und wir müssen sie alle finden, um den Zauber zu erneuern."

Max, der von der Idee eines Abenteuers begeistert war, willigte sofort ein, Fips zu helfen. Der erste Ort, den sie aufsuchen mussten, war der „Smaragd-Garten", der sich tief im Zauberwald versteckte. Laut Fips war der Garten von riesigen, glühenden Pflanzen und sprechenden Tieren bewohnt.

Das Fliegende Schloss erhob sich in die Luft und schwebte majestätisch über den Dächern von Fichtenhain hinweg, während Max und Fips sich auf den Weg zum Zauberwald machten. Der Garten war noch beeindruckender als Max es sich vorgestellt hatte. Die Bäume waren so hoch, dass ihre Spitzen die Wolken berührten, und die Blumen leuchteten in allen Farben des Regenbogens.

„Da drüben!" rief Fips und zeigte auf einen glühenden, smaragdgrünen Pfad, der in den Garten führte. Max folgte ihm durch den Garten, wo sie auf sprechende Blumen und freundliche Tiere trafen. Schließlich erreichten sie eine riesige, leuchtende Smaragdblume, die in der Mitte des Gartens wuchs.

„Der erste Kristall sollte hier sein", sagte Fips. „Aber wir müssen zuerst das Rätsel der Smaragdblume lösen, um ihn zu finden."

Auf der Smaragdblume war ein Rätsel eingraviert: „Ich bin ein Freund der Zeit, ich bin still und leise. Mein Name beginnt mit E und endet mit R, was bin ich?"

Max dachte nach und versuchte, das Rätsel zu lösen. Schließlich kam ihm die Antwort: „Ein Eimer!"

Sobald Max die Antwort aussprach, öffnete sich ein geheimer Mechanismus in der Blume, und ein glitzernder

Smaragd-Kristall erschien. Fips nahm den Kristall und steckte ihn in eine kleine Tasche.

„Das erste Element ist gesichert", sagte Fips. „Auf zum nächsten Ort!"

Der zweite Ort auf ihrer Reise war der „Rubin-Berg", der hoch in den Wolken lag. Der Berg war bekannt für seine leuchtenden Rubine, die im Sonnenlicht funkelten. Max und Fips flogen mit dem Schloss zu den schneebedeckten Gipfeln des Berges, wo sie eine schimmernde Höhle fanden.

In der Höhle mussten sie einen weiteren Test bestehen, um den Rubin-Kristall zu finden. Die Höhle war voller funkelnder Edelsteine, aber nur einer von ihnen war der echte Rubin. Max und Fips mussten herausfinden, welcher Rubin der richtige war.

Der Test bestand darin, einen bestimmten Ton zu finden, der den echten Rubin verraten würde. Max und Fips hörten verschiedene Töne und schlugen auf Steine, bis sie schließlich den richtigen Klang fanden. Der Rubin-Kristall kam zum Vorschein und wurde sicher in Fips' Tasche verstaut.

Der dritte Ort war der „Diamanten-Ozean", ein geheimnisvoller Ort unter dem Meer, wo die Diamanten auf dem Grund funkelten. Timbo und Fips tauchten tief ins Meer ein und fanden eine geheimnisvolle Unterwasserstadt, die von einer freundlichen, aber etwas exzentrischen Meerjungfrau namens Marla bewohnt wurde.

„Willkommen, Abenteurer", sagte Marla mit einem Glitzer in den Augen. „Der Diamanten-Kristall befindet sich in der geheimen Kammer der Stadt. Doch nur wer den Schlüssel zur Kammer findet, kann ihn holen."

Marla gab ihnen einen Hinweis: „Der Schlüssel liegt im Herzen der Stadt, wo die Farben des Regenbogens vereint sind."

Max und Fips folgten dem Hinweis und fanden eine wunderschöne Stelle, wo sich die Farben des Regenbogens im Wasser spiegelten. Mit etwas Geduld und Einfallsreichtum entdeckten sie den Schlüssel und öffneten die Kammer, um den Diamanten-Kristall zu finden.

Der letzte Ort auf ihrer Reise war der „Amethyst-Wald", der sich in einer abgelegenen Ecke des Königreichs befand. Der Wald war von riesigen Amethyst-Kristallen durchzogen, die in der Dunkelheit leuchteten.

Im Amethyst-Wald mussten Max und Fips eine Reihe von Rätseln und Herausforderungen meistern, um den Amethyst-Kristall zu finden. Es war ein schwieriger Weg, aber ihre Entschlossenheit und Teamarbeit führten sie schließlich zum letzten Kristall.

Mit allen vier Kristallen zurück im Fliegenden Schloss begann Fips, den Zauber der Kristalle zu erneuern. Das Schloss erstrahlte in neuem Glanz, und die magischen Flügel breiteten sich majestätisch aus.

Max blickte auf das geschäftige Dorf Fichtenhain hinunter und fühlte sich stolz. Er hatte ein echtes Abenteuer erlebt und den Fluch des Schlosses gebrochen. Fips bedankte sich bei Max für seine Hilfe und versprach, dass das Fliegende Schloss immer in der Nähe bleiben würde, um weitere Abenteuer zu erleben.

Von diesem Tag an erzählte Max allen im Dorf von seinen unglaublichen Erlebnissen, und die Menschen in Fichtenhain schauten jetzt oft in den Himmel, in der Hoffnung, das schimmernde Fliegende Schloss zu entdecken. Max wusste, dass er immer bereit für das nächste Abenteuer war, egal wie ungewöhnlich oder herausfordernd es auch sein mochte.

# Max and the Flying Castle

Once upon a time in a small village called Fichtenhain, time passed so slowly that even the snails felt they could pursue a career as racecar drivers. In this peaceful village lived an unusual boy named Max. Max was not like the other children in Fichtenhain. While his friends napped in their hammocks or played in the village square, Max had an extraordinary fondness for the unusual and the fantastic.

One sunny afternoon, as the birds sang a joyful concert in the air and the flowers bloomed in all colors, Max discovered something strange in the old, abandoned castle on the edge of the village. The castle had been a mysterious place for many years, talked about in stories and whispered legends. But Max, who loved adventures, was determined to find out what lay behind the dusty, enigmatic walls.

With a brave heart, Max knocked on the large, creaky door of the castle. To his surprise, the door opened as if by ghostly hands and revealed a sunlit room bathed in soft gold. In the room stood a gigantic, magnificent piece of furniture that looked like a giant, ornate wardrobe. But Max immediately realized that it was not just a piece of furniture but something much greater – a Flying Castle!

The body of the castle shimmered in silver and gold, adorned with mysterious runes. It had large, elegant wings that spread majestically and floated gently in the air. Max could hardly believe it. His heart pounded with excitement and curiosity.

"This is incredible! A Flying Castle!" Max exclaimed.

Just at that moment, a small, lively goblin with bright green eyes and a pointy hat appeared from inside the castle. The goblin introduced himself as Fips. "Hello! I'm Fips, the guardian of the Flying Castle. And who are you?"

"My name is Max," replied Max. "I never thought I'd see a real Flying Castle!"

Fips grinned widely. "Well, that's just the beginning, Max. This castle has many secrets and adventures to offer. But there's a small problem: The magic of the castle is starting to fade. If we don't renew it, the castle will soon crash to the ground."

Max's eyes widened. "What can we do?"

"We need to find the four magical crystals that keep the castle in the air," explained Fips. "Each crystal is located in a secret place, and we need to find them all to renew the magic."

Max, thrilled by the idea of an adventure, immediately agreed to help Fips. The first place they needed to visit was the "Emerald Garden," hidden deep within the Enchanted Forest. According to Fips, the garden was inhabited by enormous, glowing plants and talking animals.

The Flying Castle soared into the air and majestically glided over the rooftops of Fichtenhain as Max and Fips set off for the Enchanted Forest. The garden was even more impressive than Max had imagined. The trees were so tall that their tops touched the clouds, and the flowers glowed in all the colors of the rainbow.

"There!" Fips exclaimed, pointing to a glowing, emerald-green path leading into the garden. Max followed him through the garden, where they encountered talking flowers and friendly animals. They eventually reached a massive, radiant emerald flower growing in the center of the garden.

"The first crystal should be here," said Fips. "But we must first solve the riddle of the Emerald Flower to find it."

Engraved on the Emerald Flower was a riddle: "I am a friend of time, I am quiet and still. My name begins with E and ends with R, what am I?"

Max thought hard and tried to solve the riddle. Finally, the answer came to him: "A bucket!"

As soon as Max spoke the answer, a secret mechanism in the flower opened, revealing a sparkling emerald crystal. Fips took the crystal and placed it in a small pouch.

"The first element is secured," said Fips. "On to the next place!"

The second location on their journey was the "Ruby Mountain," which lay high in the clouds. The mountain was known for its glowing rubies sparkling in the sunlight. Max and Fips flew the castle to the snow-covered peaks of the mountain, where they found a shimmering cave.

In the cave, they had to pass another test to find the ruby crystal. The cave was filled with sparkling gemstones, but only one was the real ruby. Max and Fips had to figure out which ruby was the right one.

The test was to find a specific sound that would reveal the real ruby. Max and Fips listened to various sounds and struck stones until they finally found the right tone. The ruby crystal was revealed and safely placed in Fips' pouch.

The third location was the "Diamond Ocean," a mysterious place under the sea where diamonds sparkled on the ocean floor. Max and Fips dove deep into the sea and discovered a mysterious underwater city inhabited by a friendly but somewhat eccentric mermaid named Marla.

"Welcome, adventurers," Marla said with a twinkle in her eye. "The diamond crystal is in the city's secret chamber. But only those who find the key to the chamber can retrieve it."

Marla gave them a clue: "The key lies in the heart of the city, where the colors of the rainbow are united."

Max and Fips followed the clue and found a beautiful spot where the colors of the rainbow were reflected in the water. With some patience and ingenuity, they discovered the key and opened the chamber to find the diamond crystal.

The final location on their journey was the "Amethyst Forest," located in a remote corner of the kingdom. The forest was filled with giant amethyst crystals that glowed in the dark.

In the Amethyst Forest, Max and Fips had to overcome a series of riddles and challenges to find the amethyst crystal. It was a difficult journey, but their determination and teamwork eventually led them to the last crystal.

With all four crystals back in the Flying Castle, Fips began to renew the magic of the crystals. The castle shone with a new radiance, and the magical wings spread majestically.

Max looked down at the bustling village of Fichtenhain and felt proud. He had experienced a real adventure and broken the curse of the castle. Fips thanked Max for his help and promised that the Flying Castle would always be nearby for more adventures.

From that day on, Max told everyone in the village about his incredible experiences, and the people of Fichtenhain often looked up at the sky, hoping to catch a glimpse of the shimmering Flying Castle. Max knew he was always ready for the next adventure, no matter how unusual or challenging it might be.

# Lenas Reise ins Himmelreich

Es war einmal in der kleinen Stadt Froschhausen ein Mädchen namens Lena. Lena war ein fröhliches, neugieriges Kind, das für ihre Abenteuerlust bekannt war. Eines Tages, als sie durch den Garten ihrer Großeltern spielte, entdeckte sie etwas Ungewöhnliches. Zwischen den Rosenbüschen lag ein seltsames, glitzerndes Amulett. Es war von goldener Farbe und hatte ein mysteriöses Symbol eingraviert.

Lena nahm das Amulett in die Hand und spürte sofort eine angenehme Wärme. „Was für ein wundervolles Schmuckstück!", rief Lena aus. Ihre Großmutter, die gerade den Garten pflegte, sah das Amulett und ihre Augen weiteten sich vor Überraschung.

„Das Amulett!", rief die Großmutter aus. „Das ist das Amulett des Himmelreichs!"

Lena schaute ihre Großmutter verwirrt an. „Himmelreich? Was ist das?"

Die Großmutter lächelte geheimnisvoll. „Das Himmelreich ist ein magisches Land, das hoch über den Wolken schwebt. Es ist ein Ort voller wunderbarer Wesen und unglaublicher Abenteuer. Nur wer das Amulett des Himmelreichs findet, kann dorthin gelangen. Aber sei vorsichtig, Lena, der Weg dorthin ist voller Prüfungen."

Lena war begeistert. Sie konnte es kaum erwarten, das Himmelreich zu entdecken. „Wie komme ich dorthin?" fragte sie.

„Das Amulett wird dir den Weg zeigen", antwortete die Großmutter. „Aber du musst bereit sein, Herausforderungen zu meistern und Rätsel zu lösen."

Mit dem Amulett fest in der Hand machte sich Lena auf den Weg. Das Amulett begann sanft zu leuchten und schwebte in der Luft, als wäre es von unsichtbaren Händen getragen. Lena folgte dem Leuchten, das sie durch den Garten und schließlich bis zur alten Eiche am Rande des Dorfes führte.

„Hier muss es sein", dachte Lena und sah sich um. Plötzlich begann die alte Eiche zu vibrieren und ein geheimnisvolles, schimmerndes Tor öffnete sich in ihrem Stamm. Lena trat durch das Tor und fand sich in einer völlig neuen Welt wieder – dem Himmelreich!

Das Himmelreich war ein magisches Land, das über den Wolken schwebte. Es war von bunten Regenbogenbrücken und fliegenden Inseln durchzogen. Überall waren fliegende Kreaturen und freundliche, sprechende Tiere, die Lena neugierig ansahen. Die Luft war frisch und duftete nach Blumen und frischem Gras.

„Willkommen im Himmelreich, Lena!", rief ein fröhlicher, kleiner Engel mit Flügeln, der Lena sofort entgegenschwebte. „Ich bin Gabriel, der Wächter dieses Reiches. Was führt dich hierher?"

Lena erklärte Gabriel, dass sie das Amulett gefunden hatte und die Abenteuer des Himmelreichs erleben wollte. Gabriel lächelte und nickte. „Das ist wunderbar! Aber bevor du die Wunder des Himmelreichs erleben kannst, musst du drei Prüfungen bestehen. Jede Prüfung wird dir eine wichtige Lektion lehren."

Gabriel führte Lena zu einem großen, schwebenden Palast, der von funkelnden Sternen und glitzerndem Licht umgeben war. Die erste Prüfung bestand darin, das Rätsel der Sternenquelle zu lösen. Die Quelle war von wunderschönen, leuchtenden Sternen umgeben, und die Aufgabe war es, das richtige Muster der Sterne zu finden.

Lena schaute sich die Sterne genau an und bemerkte, dass sie in einem bestimmten Muster leuchteten, das wie ein großes, leuchtendes Puzzle aussah. Mit Geduld und Intuition ordnete Lena die Sterne so an, dass ein wunderschönes Bild entstand. Die Sternenquelle öffnete sich und enthüllte den ersten Schlüssel zur nächsten Prüfung.

Die zweite Prüfung fand in einem riesigen Labyrinth aus fliegenden Blüten statt. Jede Blüte hatte eine andere Farbe und schwebte sanft durch die Luft. Lena musste sich ihren Weg durch das Labyrinth bahnen, ohne den richtigen Weg zu verlieren.

Lena nahm die Herausforderung an und bewegte sich vorsichtig durch das Labyrinth. Sie achtete auf die Farben und die Bewegungen der Blüten und fand schließlich den Weg zum Ausgang. Am Ende des Labyrinths wartete ein wunderschöner, strahlender Rubin, der ihr den zweiten Schlüssel zur nächsten Prüfung gab.

Die letzte Prüfung führte Lena zu einem geheimnisvollen, schwebenden Berg, der von magischen Wolken umhüllt war. Auf dem Gipfel des Berges befand sich ein riesiger, leuchtender Kristall, der in den Himmel ragte. Die Aufgabe bestand darin, den Kristall zu erreichen und seine magische Energie zu aktivieren.

Um den Kristall zu erreichen, musste Lena eine Reihe von herausfordernden Aufgaben meistern, darunter das Überqueren einer Regenbogenbrücke und das Bestehen eines Spiels, bei dem sie fliegende Sterne fangen musste. Mit Entschlossenheit und Mut gelang es Lena, den Gipfel des Berges zu erreichen und den Kristall zu aktivieren.

Als Lena den Kristall berührte, wurde das Himmelreich von einem wunderschönen, goldenen Licht durchzogen. Die Flügel des Himmelreichs breiteten sich majestätisch aus und das gesamte Reich erstrahlte in neuem Glanz.

Gabriel erschien erneut und gratulierte Lena zu ihrem Erfolg. „Du hast alle Prüfungen bestanden und die Lektionen gelernt, die wir dir vermitteln wollten. Du hast gezeigt, dass du mutig, klug und entschlossen bist. Das Himmelreich wird dir immer offenstehen, wenn du zurückkehren möchtest."

Lena bedankte sich bei Gabriel und machte sich auf den Rückweg. Mit dem Amulett in der Hand kehrte sie durch das geheimnisvolle Tor zurück nach Froschhausen. Die Stadt sah nun ganz anders aus, voller Farben und Magie, die Lena vorher nicht bemerkt hatte.

Von diesem Tag an erzählte Lena ihren Freunden und ihrer Familie von ihren unglaublichen Abenteuern im Himmelreich. Die Menschen in Froschhausen waren begeistert und fasziniert von den Geschichten und begannen, die Welt um sich herum mit neuen Augen zu sehen. Lena wusste, dass sie immer bereit für das nächste Abenteuer war, egal wo es sie hinführen würde.

# Lena's Journey to the Sky Kingdom

Once upon a time in the small town of Froschhausen, there lived a girl named Lena. Lena was a cheerful, curious child known for her love of adventure. One day, while playing in her grandparents' garden, she discovered something unusual. Among the rose bushes lay a strange, glittering amulet. It was golden and had a mysterious symbol engraved on it.

Lena picked up the amulet and immediately felt a pleasant warmth. "What a wonderful piece of jewelry!" Lena exclaimed. Her grandmother, who was tending to the garden, saw the amulet and her eyes widened in surprise.

"The Amulet!" cried the grandmother. "That is the Amulet of the Sky Kingdom!"

Lena looked at her grandmother in confusion. "Sky Kingdom? What's that?"

The grandmother smiled mysteriously. "The Sky Kingdom is a magical land that floats high above the clouds. It is a place full of wonderful beings and incredible adventures. Only someone who finds the Amulet of the Sky Kingdom can get there. But be careful, Lena, the path is filled with trials."

Lena was thrilled. She could hardly wait to discover the Sky Kingdom. "How do I get there?" she asked.

"The amulet will show you the way," replied the grandmother. "But you must be ready to face challenges and solve riddles."

With the amulet tightly in her hand, Lena set off. The amulet began to glow gently and floated in the air as if carried by invisible hands. Lena followed the glowing light, which led her through the garden and eventually to the old oak tree on the edge of the village.

"This must be the place," Lena thought, looking around. Suddenly, the old oak tree began to vibrate and a mysterious, shimmering door opened in its trunk. Lena stepped through the door and found herself in a completely new world – the Sky Kingdom!

The Sky Kingdom was a magical land floating above the clouds. It was crisscrossed with colorful rainbow bridges and flying islands. Everywhere were flying creatures and friendly, talking animals who looked at Lena with curiosity. The air was fresh and smelled of flowers and fresh grass.

"Welcome to the Sky Kingdom, Lena!" called a cheerful little angel with wings who floated towards Lena. "I'm Gabriel, the guardian of this realm. What brings you here?"

Lena explained to Gabriel that she had found the amulet and wanted to experience the adventures of the Sky Kingdom. Gabriel smiled and nodded. "That's wonderful! But before you can experience the wonders of the Sky Kingdom, you must pass three trials. Each trial will teach you an important lesson."

Gabriel led Lena to a large, floating palace surrounded by sparkling stars and glittering light. The first trial was to solve the riddle of the Star Fountain. The fountain was surrounded by beautiful, glowing stars, and the task was to find the correct pattern of stars.

Lena examined the stars closely and noticed that they glowed in a specific pattern that resembled a large, glowing puzzle. With patience and intuition, Lena arranged the stars to create a beautiful picture. The Star Fountain opened and revealed the first key to the next trial.

The second trial took place in a huge labyrinth of floating flowers. Each flower was a different color and floated gently through the air. Lena had to navigate her way through the labyrinth without losing the correct path.

Lena accepted the challenge and carefully moved through the labyrinth. She paid attention to the colors and movements of the flowers and eventually found her way to the exit. At the end of the labyrinth awaited a beautiful, radiant ruby, which gave her the second key to the next trial.

The final trial led Lena to a mysterious, floating mountain surrounded by magical clouds. At the summit of the mountain stood a huge, glowing crystal that reached into the sky. The task was to reach the crystal and activate its magical energy.

To reach the crystal, Lena had to complete a series of challenging tasks, including crossing a rainbow bridge and catching flying stars. With determination and courage, Lena managed to reach the summit of the mountain and activate the crystal.

As Lena touched the crystal, the Sky Kingdom was bathed in a beautiful, golden light. The wings of the Sky Kingdom spread majestically, and the entire realm shone with new brilliance.

Gabriel appeared again and congratulated Lena on her success. "You have passed all the trials and learned the lessons we wanted to teach. You have shown that you are brave, wise, and determined. The Sky Kingdom will always be open to you if you wish to return."

Lena thanked Gabriel and made her way back. With the amulet in hand, she returned through the mysterious door to Froschhausen. The town now looked different, full of colors and magic that Lena had not noticed before.

From that day on, Lena told her friends and family about her incredible adventures in the Sky Kingdom. The people of Froschhausen were fascinated by the stories and began to see the world around them with new eyes. Lena knew she was always ready for the next adventure, no matter where it might lead.

# Der freche Felix und der zauberhafte Friseur

In einer kleinen Stadt namens Moppeldorf lebte ein Junge namens Felix, der für seinen frechen Humor und seine waghalsigen Streiche bekannt war. Felix hatte eine wilde, zerzauste Mähne, die ihm fast bis über die Augen hing. Seine Haare schienen ein Eigenleben zu führen und wollten sich niemals kämmen lassen, was Felix nur zu gerne akzeptierte. Seine Eltern versuchten immer wieder, ihn dazu zu bringen, zum Friseur zu gehen, aber Felix fand jedes Mal eine Ausrede, um das zu vermeiden.

„Ich will nicht!", sagte er immer. „Friseure sind langweilig, und ich brauche keine neuen Haare!" Er konnte sich nicht vorstellen, wie ein Haarschnitt etwas Gutes für ihn tun könnte. Also lebte er weiterhin mit seiner zerzausten, wilden Frisur, die ihn fast wie einen kleinen Löwen aussehen ließ.

Eines Tages, als Felix wie gewohnt auf seinem Fahrrad durch die Stadt raste, entdeckte er einen neuen Laden, der wie aus dem Nichts aufgetaucht war. Das Schaufenster war mit goldenen Buchstaben verziert, die funkelten, als wären sie mit Sternenstaub bestäubt. „Zauberhafte Schnitte und magische Frisuren" stand darauf. „Wie aufregend", dachte Felix. „Was kann daran wohl magisch sein?"

Von Neugier gepackt, sprang Felix von seinem Fahrrad und näherte sich dem Laden. Als er die Tür öffnete, klingelte eine kleine Glocke, und ein Hauch von Lavendel und Pfefferminze strömte ihm entgegen. Der Laden war anders als jeder Friseursalon, den er jemals gesehen hatte. Die Wände waren mit Bildern von fantasievollen Frisuren bedeckt – von schwebenden Locken bis zu leuchtenden Haarsträhnen, die wie Regenbögen schimmerten.

Ein alter Mann mit einem weißen Bart, der wie Zuckerwatte aussah, trat hinter einem riesigen Spiegel hervor. „Guten Tag, junger Mann!", sagte er mit einer tiefen, freundlichen Stimme. „Ich bin Meister Kammzwick, der zauberhafte Friseur. Wie kann ich dir helfen?"

Felix zögerte einen Moment. „Nun ja… eigentlich wollte ich nur mal schauen. Ich brauche wirklich keinen Haarschnitt."

Meister Kammzwick lächelte geheimnisvoll. „Hier bei mir sind Haarschnitte alles andere als gewöhnlich, mein Junge. Jeder Schnitt hat seine eigene Magie. Und wer weiß, vielleicht entdeckst du ja etwas, das dir gefällt."

Felix konnte seine Neugier nicht länger zügeln. „Okay, aber nur einen kleinen Schnitt", sagte er und setzte sich in den samtigen Sessel vor dem Spiegel. Meister Kammzwick legte ihm einen Umhang um und schnippte mit den Fingern. Plötzlich erschienen aus der Luft schwebende Scheren, die sich um Felix' Kopf zu bewegen begannen. Sie schnitten und formten sein Haar, während magische Funken umherwirbelten.

Felix spürte ein Kribbeln auf seinem Kopf, als die Scheren ihr Werk vollbrachten. Dann, mit einem letzten Schnipsen, waren sie fertig und schwebten zurück auf den Tisch. Meister

Kammzwick drehte den Stuhl so, dass Felix sich im Spiegel betrachten konnte.

„Wow!", rief Felix aus. Sein Haar sah unglaublich aus – es war immer noch wild, aber auf eine viel coolere Weise. Die Strähnen leuchteten in einem sanften Blau, das bei jeder Bewegung funkelte. Felix konnte es kaum glauben. „Das ist... das ist... fantastisch!"

Meister Kammzwick grinste. „Das ist nur der Anfang, Felix. Diese Frisur hat besondere Fähigkeiten. Es ist eine Mut-Frisur."

„Eine Mut-Frisur?", fragte Felix verwundert.

„Ja, genau", erklärte Meister Kammzwick. „Diese Frisur verleiht dir besonderen Mut, Dinge zu tun, vor denen du normalerweise Angst hast. Du wirst sehen."

Felix war neugierig und gleichzeitig aufgeregt. Er bedankte sich bei Meister Kammzwick und machte sich auf den Weg nach Hause. Auf dem Heimweg bemerkte er etwas Merkwürdiges. Normalerweise wäre er nie auf die Idee gekommen, durch den dunklen Wald zu fahren, der als Abkürzung diente. Doch heute, mit seiner neuen Frisur, schien es ihm keine große Sache zu sein.

„Ich probiere es einfach", dachte er sich und bog in den Waldweg ein. Der Wald war dicht und die Bäume warfen dunkle Schatten, aber Felix fühlte keine Angst. Stattdessen spürte er ein kribbelndes Gefühl in seinem Haar, als ob die Frisur ihm wirklich Mut verlieh. Er trat in die Pedale und fuhr weiter, ohne auch nur einmal zurückzuschauen.

Als er aus dem Wald herauskam, fühlte er sich großartig. „Das war ja einfach!", lachte er. „Diese Frisur ist wirklich magisch!"

In den nächsten Tagen bemerkte Felix, dass sich noch mehr Dinge veränderten. In der Schule war er plötzlich viel selbstbewusster. Er meldete sich im Unterricht häufiger zu Wort, ohne die Angst, etwas Falsches zu sagen. In der Pause spielte er mit den anderen Kindern Fußball, ohne sich Sorgen zu machen, Fehler zu machen. Die anderen Kinder bemerkten seine Veränderung und fanden es toll, wie viel Spaß Felix jetzt hatte.

Doch eines Tages stellte sich Felix einer seiner größten Ängste. Die Schule veranstaltete ein Talentfest, bei dem die Schüler ihre besonderen Talente zeigen konnten. Felix hatte immer davon geträumt, einen Zaubertrick vorzuführen, den er schon lange geübt hatte. Aber die Angst, vor so vielen Menschen aufzutreten, hatte ihn immer zurückgehalten.

„Soll ich es wagen?", fragte sich Felix. Er sah in den Spiegel und betrachtete seine leuchtende Mut-Frisur. „Ja, das werde ich!", beschloss er schließlich.

Als der Tag des Talentfests kam, war Felix nervös, aber er fühlte sich auch bereit. Er stand hinter der Bühne und wartete darauf, aufgerufen zu werden. Die anderen Kinder führten ihre Talente vor – Tanzen, Singen, Jonglieren – und das Publikum klatschte begeistert. Dann war Felix an der Reihe.

Er trat auf die Bühne, das Herz klopfte ihm bis zum Hals. Doch dann spürte er wieder das Kribbeln in seinem Haar. Er atmete tief durch und begann seinen Zaubertrick. Mit geschickten Bewegungen ließ er Karten verschwinden, zog bunte Tücher aus dem Nichts hervor und zauberte am Ende sogar eine Taube aus seinem Hut. Das Publikum war begeistert und klatschte laut. Felix konnte es kaum glauben – er hatte es geschafft!

Nach dem Talentfest kamen viele Kinder zu Felix und lobten ihn für seinen tollen Auftritt. Felix strahlte vor Stolz. Er hatte nicht nur seine Angst überwunden, sondern auch gelernt, dass er viel mehr konnte, als er dachte.

Am nächsten Tag ging Felix wieder zu Meister Kammzwick. „Danke für die tolle Frisur“, sagte er. „Sie hat mir wirklich geholfen, mutiger zu werden.“

Meister Kammzwick lächelte weise. „Es freut mich, dass du das entdeckt hast, Felix. Aber weißt du was? Der wahre Mut kam von dir selbst. Die Frisur hat dir nur gezeigt, was schon immer in dir steckte.“

Felix dachte einen Moment darüber nach und verstand dann. „Du hast recht“, sagte er. „Ich war immer mutig, ich musste es nur selbst erkennen.“

„Genau so ist es“, sagte Meister Kammzwick und klopfte Felix freundlich auf die Schulter. „Denke daran, Felix, du brauchst keinen Zauber, um mutig zu sein. Der Mut ist schon in dir.“

Felix ging mit einem breiten Lächeln nach Hause. Seine Frisur war vielleicht das coolste, was er je hatte, aber das Wichtigste war, dass er jetzt wusste, dass er alles schaffen konnte, wenn er nur den Mut dazu hatte.

# The Cheeky Felix and the Magical Hairdresser

In a small town called Moppeldorf, there lived a boy named Felix, known for his cheeky humor and daring pranks. Felix had a wild, unruly mane of hair that almost covered his eyes. His hair seemed to have a life of its own and refused to be tamed, which Felix gladly accepted. His parents tried time and again to get him to go to the hairdresser, but Felix always found an excuse to avoid it.

"I don't want to!" he always said. "Hairdressers are boring, and I don't need new hair!" He couldn't imagine how a haircut could do him any good. So he continued to live with his wild, untamed hairstyle that made him look almost like a little lion.

One day, as Felix was speeding through town on his bike as usual, he discovered a new shop that seemed to have appeared out of nowhere. The window was decorated with golden letters that sparkled as if dusted with stardust. "Magical Cuts and Enchanted Hairstyles," it read. "How exciting," thought Felix. "What could possibly be magical about that?"

Gripped by curiosity, Felix jumped off his bike and approached the shop. As he opened the door, a small bell rang, and a waft of lavender and peppermint greeted him. The shop was unlike any hair salon he had ever seen. The walls were covered with pictures of fantastical hairstyles—floating curls, glowing strands of hair that shimmered like rainbows.

An old man with a white beard that looked like cotton candy stepped out from behind a giant mirror. "Good day, young man!" he said in a deep, friendly voice. "I am Master Kammzwick, the magical hairdresser. How can I help you?"

Felix hesitated for a moment. "Well... I was just looking around. I really don't need a haircut."

Master Kammzwick smiled mysteriously. "Here, haircuts are anything but ordinary, my boy. Each cut has its own magic. And who knows, maybe you'll discover something you like."

Felix could no longer contain his curiosity. "Okay, but just a little trim," he said, sitting down in the velvet chair in front of the mirror. Master Kammzwick draped a cape over him and snapped his fingers. Suddenly, floating scissors appeared out of thin air and began to move around Felix's head. They snipped and shaped his hair while magical sparks whirled around.

Felix felt a tingling sensation on his head as the scissors did their work. Then, with one final snip, they were done and floated back to the table. Master Kammzwick turned the chair so Felix could see himself in the mirror.

"Wow!" Felix exclaimed. His hair looked incredible—it was still wild, but in a much cooler way. The strands glowed a soft blue that sparkled with every movement. Felix could hardly believe it. "This is... this is... fantastic!"

Master Kammzwick grinned. "That's just the beginning, Felix. This hairstyle has special powers. It's a courage cut."

"A courage cut?" Felix asked, puzzled.

"Yes, exactly," explained Master Kammzwick. "This hairstyle gives you special courage to do things you'd normally be afraid of. You'll see."

Felix was curious and excited at the same time. He thanked Master Kammzwick and set off for home. On the way back, he noticed something strange. Normally, he would never have considered riding through the dark forest that served as a shortcut. But today, with his new haircut, it didn't seem like a big deal.

"I'll just give it a try," he thought and turned onto the forest path. The forest was dense, and the trees cast dark shadows, but Felix felt no fear. Instead, he felt a tingling sensation in his hair, as if the hairstyle was really giving him courage. He pedaled on without looking back.

When he emerged from the forest, he felt amazing. "That was easy!" he laughed. "This haircut really is magical!"

Over the next few days, Felix noticed even more changes. At school, he suddenly felt much more confident. He raised his hand in class more often, without the fear of saying something wrong. During recess, he played soccer with the other kids, without worrying about making mistakes. The other kids noticed his change and loved how much fun Felix was having now.

But one day, Felix faced one of his biggest fears. The school was hosting a talent show where students could showcase their special talents. Felix had always dreamed of performing a magic trick he had been practicing for a long time. But the fear of performing in front of so many people had always held him back.

"Should I do it?" Felix wondered. He looked in the mirror and admired his glowing courage cut. "Yes, I will!" he finally decided.

When the day of the talent show came, Felix was nervous but also felt ready. He stood backstage, waiting to be called. The other kids performed their talents—dancing, singing, juggling—and the audience clapped enthusiastically. Then it was Felix's turn.

He stepped onto the stage, his heart pounding in his chest. But then he felt the tingling in his hair again. He took a deep breath and began his magic trick. With skilled movements, he made cards disappear, pulled colorful scarves out of thin air, and even conjured a dove from his hat at the end. The audience was thrilled and clapped loudly. Felix could hardly believe it—he had done it!

After the talent show, many kids came up to Felix and praised him for his great performance. Felix beamed with pride. He had not only overcome his fear but had also learned that he could do much more than he thought.

The next day, Felix returned to Master Kammzwick. "Thank you for the amazing haircut," he said. "It really helped me become braver."

Master Kammzwick smiled wisely. "I'm glad you discovered that, Felix. But you know what? The real courage came from you. The haircut just showed you what was always inside you."

Felix thought about it for a moment and then understood. "You're right," he said. "I've always been brave, I just needed to realize it."

"Exactly," said Master Kammzwick, patting Felix kindly on the shoulder. "Remember, Felix, you don't need magic to be brave. The courage is already within you."

Felix went home with a big smile. His haircut might have been the coolest thing he'd ever had, but the most important thing was that he now knew he could achieve anything if he just had the courage to try.